Caillou
MD

Le prince

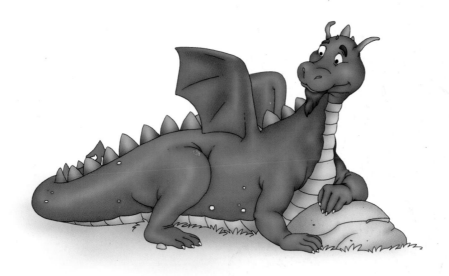

Texte : Joceline Sanschagrin
Illustrations : Pierre Brignaud • Coloration : Marcel Depratto

chouette

Caillou dessine avec maman. Papa arrive
et embrasse maman.

—Maman, pourquoi tu ne m'embrasses pas
comme tu embrasses papa?

—Parce que papa est mon amoureux.

– Je veux être ton amoureux! dit Caillou.

–Non, Caillou. Toi, tu es mon petit garçon, explique maman.

Caillou boude.

–Viens, Caillou. Je vais te raconter une histoire, dit papa.

Et il assoit Caillou confortablement sur ses genoux.

«Il était une fois un roi et une reine qui s'aimaient beaucoup. De leur amour était né un enfant qui s'appelait le prince Caillou. Le roi, la reine et le prince Caillou habitaient un grand château. Dans ce château vivait aussi un vieux dragon qui savait tout.

Le roi et le prince Caillou étaient heureux ensemble. Le roi montrait à son fils comment tirer à l'arc. Il lui apprenait aussi à monter à cheval et à chasser le sanglier. Le prince Caillou était fier d'être un garçon qui ressemble à son papa.

Un beau matin, le prince Caillou rencontra le vieux dragon.

–Salut, Dragon. Tu vois, je suis grand et fort. Crois-tu que je pourrai un jour me marier avec maman?

–Impossible, répondit le dragon en crachant de la fumée. Un garçon ne peut jamais se marier avec sa mère. C'est comme ça!

Le lendemain, pendant que le prince dessinait avec sa mère, le roi arriva. La reine alla embrasser son mari.
—Maman, je veux être ton mari! dit le prince en se jetant dans les bras de la reine.

Le roi répliqua aussitôt :

—Non, mon fils, un garçon ne peut jamais être le mari de sa maman.

Le prince se tourna alors vers sa mère et la supplia :

—Maman, dis oui !

—Non, Caillou. Toi, tu es mon petit garçon, dit doucement la reine. Un jour, tu auras une amoureuse de ton âge.

Le prince Caillou saisit son arc et ses flèches. Puis il sortit du château et marcha vers la forêt. En chemin, le prince croisa le vieux dragon.

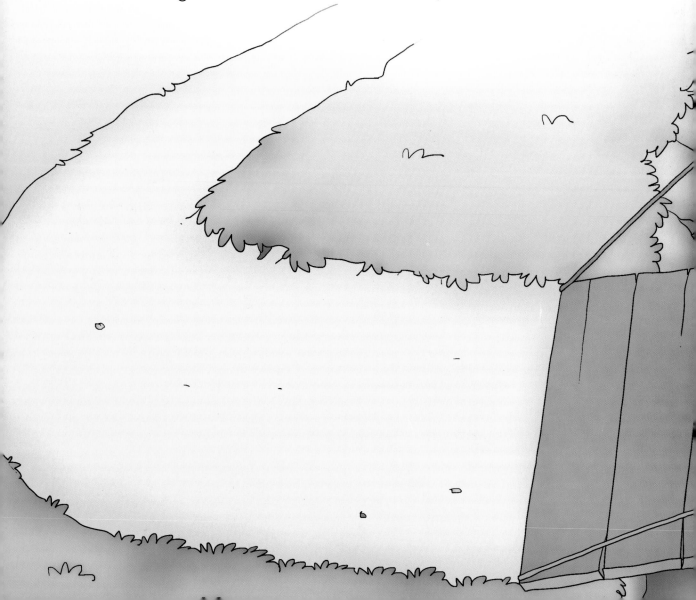

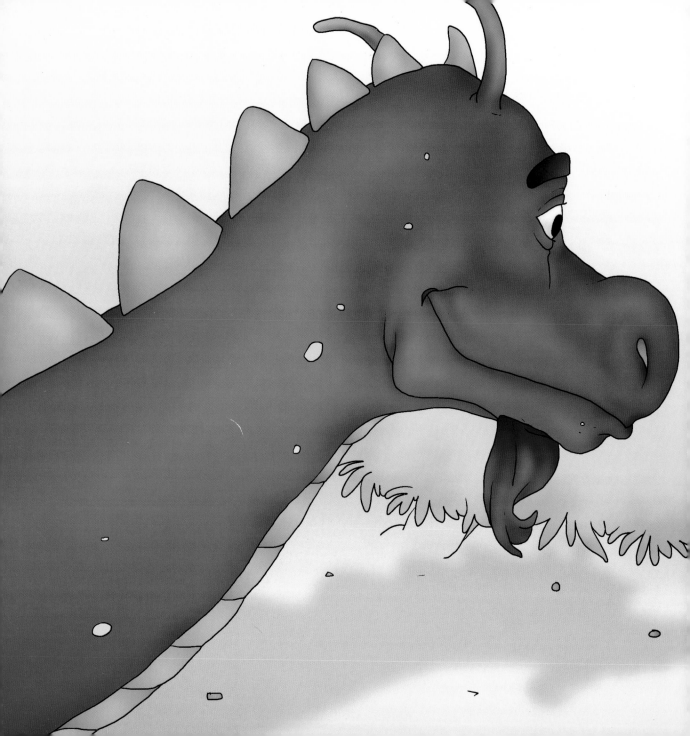

–Adieu Dragon, je vais au château voisin demander
à la princesse Éléonore si elle veut jouer avec moi.
Le dragon sourit.
–C'est bien, répondit-il. Un prince doit trouver une
amoureuse de son âge. »

Caillou a bien écouté l'histoire de papa. Intrigué,
il demande :
—Papa, crois-tu que le prince Caillou s'est marié avec
la princesse Éléonore ?

Texte : Joceline Sanschagrin
Illustrations : Pierre Brignaud
Coloration : Marcel Depratto
Direction artistique : Monique Dupras

Nous reconnaissons l'aide financière du gouvernement du Canada par l'entremise
du Fonds du livre du Canada pour nos activités d'édition.

Patrimoine   Canadian
canadien   Heritage

Nous remercions le ministère de la Culture et des Communications du Québec
et la SODEC de l'aide apportée à la publication et à la promotion de cet ouvrage.

SODEC
Québec

Catalogage avant publication de Bibliothèque et Archives nationales
du Québec et Bibliothèque et Archives Canada

Sanschagrin, Joceline, 1950-
Caillou : le prince
Nouv. éd.
(La grande ourse)
Publ. antérieurement sous le titre : Caillou : le dragon. 2000.
Pour enfants de 3 ans et plus.

ISBN 978-2-89450-784-1

1. Mères et fils - Ouvrages pour la jeunesse. 2. Mariage - Ouvrages pour
la jeunesse. I. Brignaud, Pierre. II. Titre. III. Titre : Prince. IV. Titre : Caillou : le dragon.
V. Collection : Grande ourse.

HQ755.85.S264 2011   j306.874'3   C2010-941702-X

Dépôt légal : 2011

Imprimé en Malaisie
10 9 8 7 6 5 4 3 2 1